Südliches Halland

Von Skummeslövsstrand bis Särdal

Südliches Halland

Von Skummeslövsstrand bis Särdal

Autorin: Kath Sternberg-Rivoire

Bibliografische Information der Deutschen Nationalbibliothek: Die Deutsche Nationalbibliothek verzeichnet diese Publikation in der Deutschen Nationalbibliografie; detaillierte bibliografische Daten sind im Internet über dnb.dnb.de abrufbar.

2. Aktualisierte Auflage
© 2022 Kath Sternberg-Rivoire

Herstellung und Verlag:
BoD – Books on Demand, Norderstedt

ISBN: 978-3-7543-3927-5

Vorwort

Vor 30 Jahren fuhr ich das erste Mal nach Schweden. Es war eine Klassenfahrt. Mit dem Zug ging es nach Stockholm. Dort angekommen, war es direkt um mich geschehen. Ich war verliebt in die Stadt und hatte nur noch ein Ziel - nach dem Ende meiner Schulzeit nach Schweden zu ziehen. So kam es auch. Ich hatte eine wundervolle Zeit in Karlstad (Provinz Värmland) und in all den Jahren danach, in denen ich in Finnland, Großbritannien und Deutschland lebte, bin ich immer wieder nach Schweden gereist. Seit 16 Jahren habe ich ein eigenes Ferienhaus in Schweden, im Süden der Provinz Halland. Daher ist dieses Buch auf die Region südliches Halland beschränkt. In diesem Gebiet zwischen Skummeslövsstrand und Särdal halte ich mich am meisten auf und trotzdem ist dieses Buch weit entfernt von Vollständigkeit, denn diese kleine Region bietet eine unsagbar große Abwechslung bezüglich Aktivitäten, Kulturangeboten und Sehenswertem, dass ich nicht darauf abziele, alles vollumfänglich niederzuschreiben. Vielmehr geht es mir um persönlich Erlebtes und eigene Beobachtungen.

Immer wieder werde ich von Freunden, Bekannten und Kollegen zu Schweden befragt. Oftmals handelt es sich um Tipps bezüglich Urlaub in Schweden. Dann erzähle ich vorzugsweise von Halland und Stockholm. Mein Ferienhaus dient mir und meiner Familie zwar auch als Ausgangspunkt für Reisen in ganz Skandinavien, aber Halland ist zu meiner zweiten Heimat geworden. Dort kenne ich mich am besten aus und daher dachte ich, dass es an der Zeit ist, dieser wunderschönen Gegend ein Buch mit meinen Erinnerungen und Erfahrungen zu widmen.

Ich wünsche viel Freude beim Lesen.

Kath Sternberg-Rivoire

Inhaltsübersicht

Die Provinz Halland

Das Königreich Schweden, Kungariket Sverige, besteht aus drei Landesteilen - Götaland, Svealand und Norrland und ist in 21 Provinzen, auf Schwedisch Län genannt, eingeteilt. Die Provinz Halland gehört zum Landesteil Götaland und somit zu Südschweden.

Die Landesfläche von Schweden ist größer als die von Deutschland, aber Schweden hat nur ein Achtel so viele Einwohner. In der gesamten Provinz Halland leben nur ca. 335.000 Menschen auf einer Fläche von über 5.000 km². Das ist die doppelte Fläche vom Saarland mit der Einwohnerzahl von Bonn.

Halland befindet sich an der Westküste Schwedens, direkt am Kattegat. Die Nord-Süd-Ausdehnung beträgt 155 Kilometer und variiert in der Breite zwischen 15 und 50 Kilometer. Die Provinz ist eingebettet von der Provinz Skåne im Süden, Småland im Osten und Västergötland mit der Stadt Göteborg im Norden sowie dem Kattegat im Westen.

Jeder Provinz sind unter anderem eine Landschaftsblume und ein Landschaftstier zugeordnet. Hallands Landschaftsblume ist der Behaarte Ginster. Das Landschaftstier ist der Lachs. Die Lachse leben vor allem im Fluss Lagan, der durch Halland fließt und im Kattegat mündet.

Seit 1658 gehört Halland permanent zu Schweden. In den drei Jahrhunderten zuvor fanden zahlreiche Kriege statt. Norwegische, dänische und schwedische Könige kämpften um das Gebiet. Erst mit dem Frieden von Roskilde wurde Halland dauerhaft schwedisch und begann sich dank der Friedenszeiten zu entwickeln. Die landwirtschaftliche Nutzung der Flächen wurde effizienter. Allerdings erschwerten Erosion und Flugsand die Arbeit. Viele Menschen emigrierten aufgrund von Armut noch bis Anfang des 20. Jahrhunderts. Im Jahr 1945 lebten ungefähr 145.000 Menschen in Halland, d.h. weniger als die Hälfte als heute im Jahre 2021. Halland erlebte aber in den letzten Jahrzehnten einen enormen Aufschwung, wobei vor allem der Norden von der Nähe zu Göteborg profitiert sowie der Küstenstreifen vom Tourismus.

Halland ist eine äußerst beliebte Urlaubsregion bei sowohl Einheimischen als auch Dänen, Deutschen und Norwegern. Dabei ist die Lage, also die Nähe zu Skåne, Småland, Bohuslän, Kopenhagen und Göteborg vorteilhaft, da Halland ein guter Ausgangspunkt für Tagestouren oder Rundfahrten in diese Gegenden ist.

Wie bereits im Vorwort erwähnt, beschränke ich mich auf das südliche Halland, welches in etwa das erste Drittel der Provinz ist - von Skummeslövsstrand ganz im Süden der Provinz bis Särdal 50 km nördlich.

Die schnellste Anreise von Deutschland nach Südhalland ist gewöhnlich die Autofahrt über Puttgarden auf der Insel Fehmarn, dann mit der Scandlines Fähre ins dänische Rødby und von dort aus weiter über Kopenhagen nach Malmö und die Autobahn E6 Richtung Norden. Unsere Anreise von Hamburg ins Ferienhaus beträgt inklusive der 45 minütigen Fährüberfahrt in etwa sechs Stunden.

Selbst gezeichnete Karte vom südlichen Skandinavien sowie Dänemark zur Orientierung der Lage von Halland in Bezug zu Deutschland

Selbst gezeichnete Karte vom südlichen Halland als Orientierungshilfe, um die im Buch beschriebenen Orte geographisch einordnen zu können.

Natürlich kommt es darauf an, wo in Deutschland der Ausgangspunkt ist. Beispielsweise können die Flensburger über die dänischen Inseln komplett ohne Fährüberfahrten nach Schweden gelangen, denn alle Inseln sind mittlerweile mit Brücken verbunden so wie auch Dänemark mit Schweden dank der Öresundquerung als Tunnel-Brücke-Kombination. Alternativ geht es auch direkt mit dem Boot nach Halland. Seit diesem Jahr bietet Stena Line die Fährlinie von Grenå nach Halmstad an.

Es gibt mehrere Fährgesellschaften, die Routen von Deutschland nach Schweden anbieten. TT-Line fährt u.a. von Rostock und Travemünde ins schwedische Trelleborg. Auch Stena Line hat die Tour Rostock - Trelleborg im Programm. Finnlines fährt von Travemünde nach Malmö, Stena Line von Kiel nach Göteborg und FRS Baltic mit einem Katamaran von Sassnitz-Mukran auf Rügen ins südschwedische Ystad.

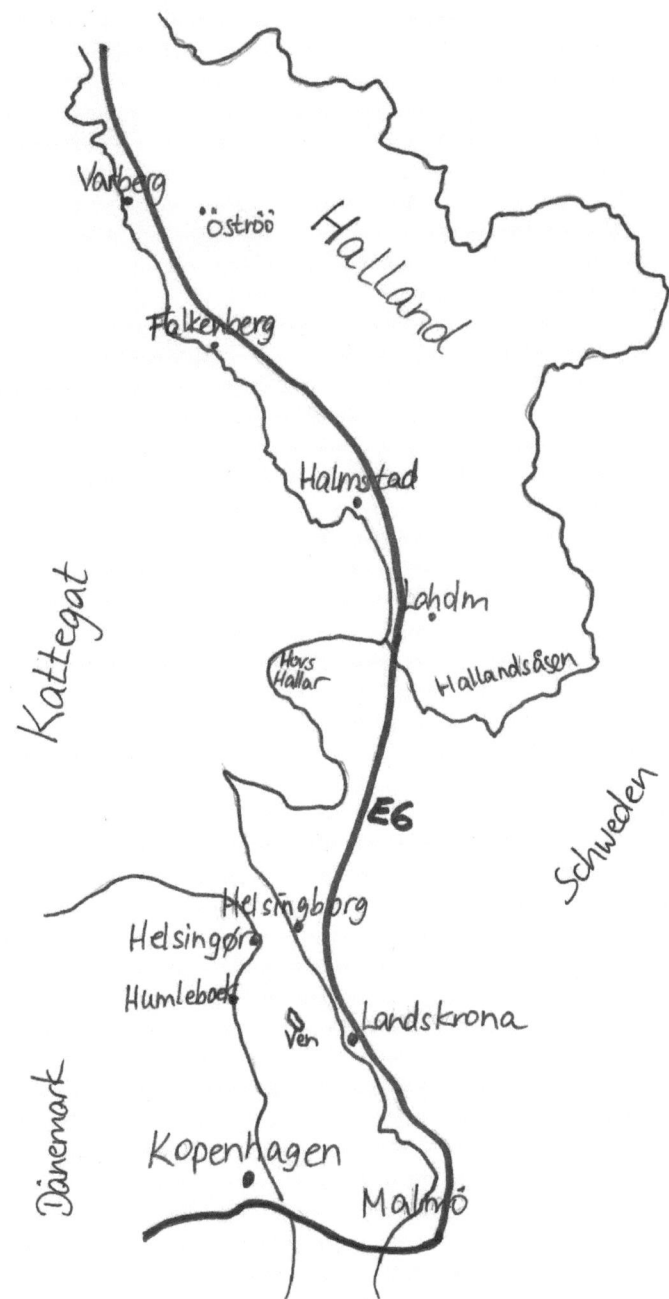

Selbst gezeichnete Karte vom südlichen Halland sowie Westskåne und das östliche Seeland als Orientierungshilfe, um die im Buch beschriebenen Orte im Kapitel Tagesausflüge geographisch einordnen zu können.

Die Öresundbrücke, die Dänemark mit Schweden verbindet, im Rückspiegel

Nicht nur viele Wege führen nach Rom sondern auch nach Schweden. Prinzipiell sind die Fährpreise im Sommer und an Wochenenden höher als in der Nebensaison und zwischen Montag und Donnerstag. Ein Vergleich der einzelnen Fährgesellschaften und deren Routen lohnt sich. Einige Links packe ich mit in den Anhang.

Blick auf die dänische Insel Møn während der Fährüberfahrt Rostock - Trelleborg

Die Anreise ist auch mit dem Zug möglich. Es gibt Verbindungen nach Kopenhagen. Von dort aus fahren Züge direkt nach Laholm und Halmstad. Ein Nachtzug verbindet Berlin und Hamburg mit Malmö und Stockholm. Das Netz öffentlicher Verkehrsnetze ist in Schweden sehr gut ausgebaut. Die Gebiete rund um die Großstädte sind weitläufig erschlossen. Südhalland ist eine sehr ländliche Region. Dort fahren hauptsächlich Busse. Urlaub ohne Auto in Halland ist machbar, aber unflexibler als mit dem Auto. Dagegen können Fahrräder in den Zügen mitgenommen werden, so dass ein Fahrradurlaub kein Problem darstellt.

In der Natur

Schweden ist reich an Wäldern und Seen. Das trifft auch auf Halland zu. 60 % der Provinz ist Waldgebiet. Im Westen grenzt Halland direkt an den Kattegat. Das südliche Halland ist bekannt für seine Sandstrände. Es ist quasi Schwedens Riviera. In diesem Kapitel möchte ich auf einige der sehenswerten Waldgebiete, Strände und Seen von Südhalland kurz eingehen. Es sind persönliche Empfehlungen für Unternehmungen in die Natur.

Halland bietet selbstverständlich noch deutlich mehr Gebiete zum Entdecken, als von mir erwähnt. Nicht nur die Provinz sondern Schweden insgesamt besitzt zahlreiche Naturreservate und Nationalparks mit artenreicher Flora und Fauna. Elche sind weit verbreitet. In Schweden leben die meisten Elche Europas. Auch in den Wäldern Hallands kommen sie vor. Da sie über einen äußerst sensiblen Geruchssinn verfügen, riechen sie uns Menschen rechtzeitig genug, um sich vor uns zu verstecken beziehungsweise dem Menschen aus dem Weg zu gehen. Daher möchte ich an dieser Stelle die Erwartungshaltung etwas senken, dass bei jedem Schwedenbesuch ein Elch im Wald oder am Straßenrand zu sehen sein wird.

Die Wälder im Gebiet Hallandsåsen (Höhenzug ganz im Süden) sind immer einen Spaziergang wert. Es gibt überall Waldwege oder sogar befestigte Wanderwege. Kleinere Seen durchziehen die Landschaft. So ist es auch in den Wäldern im Bereich der kleinen Ortschaft Knäred, die zwischen Laholm und Markaryd liegt. Nördlich des Dorfes befindet sich der Kvarnfallet, ein kleiner Wasserfall an der ehemaligen Wassermühle. Das Gebiet ist sehr gut ausgebaut. Spaziergänge sind auch mit Kinderwagen und für Rollstuhlfahrer machbar.

Am Kvarnfallet bei Knäred

Flammafallet, Krokån

Ein paar Kilometer weiter nördlich fließt der Krokån. Vom Dorf Egernahult aus, lässt sich die Gegend sehr gut erkunden. Sehenswert ist der Flammafallet, wo sich der Krokån wie auf Treppenabsätzen hinunter stürzt. Der Wald ist urig und nicht mit angelegten Wegen ausgebaut.

Auch direkt an den Küsten gibt es Waldgebiete. Nördlich von Mellbystrand befindet sich das Waldgebiet Hökafältet. Hier sind die Hauptwege ebenfalls befestigt. Es ist ein Nadelwaldgebiet, welches bis an die Dünen reicht.

Im Naturreservat Haverdal nördlich von Halmstad wachsen die Kiefernbäume ziemlich bizarr. Sie sind seltsam gebogen und verknotet. Der Wald geht in eine Dünenlandschaft über. Hier befindet sich auch die höchste Sanddüne Schwedens, Lynga Sanddyn. Sie ist 36 m hoch. Oben angekommen, erfolgt die Belohnung mit einer kilometerweiten Sicht auf den Wald und das Meer.

Der Strandabschnitt des Naturreservats ist breit und aus feinstem Sand. Selbst im Hochsommer ist der Strand nie stark bevölkert. Er zieht sich in nördlicher Richtung bis Haverdal Strand. Die Bucht ist vor allem bei Familien mit Kleinkindern sehr beliebt, da das Wasser flach und sanft ist. Baden und Sonnenanbeten sind reines Naturerlebnis. Es gibt weder öffentliche Toiletten noch einen Kiosk, der Snacks und Getränke anbietet.

Im Wald des Haverdal Naturreservats

Lynga Sanddyn im Haverdal Naturreservat

Strand im Haverdal Naturreservat

Haverdal Naturreservat

Das wiederum gibt es eine Bucht südlicher, am Strand von Tylösand. Dieser ist ebenfalls ein Sandstrand. Aufgrund vieler Einheimischer, die hier ein Sommerhaus besitzen, sowie Touristen ist Tylösand meist gut besucht. Der Ort bietet neben dem feinen Sandstrand auch eine gute Infrastruktur bezüglich Unterkünfte und Gastronomie.

Weg zum Strand in Mellbystrand

Der nördliche Strand von Mellbystrand ist mein persönlicher Favorit. Der Sandstrand ist breit, das Wasser ruhig und auch in der Hochsaison nicht überlaufen. Der Strand zieht sich auf einer Länge von 12 km bis nach Skummeslövsstrand. Es gibt Abschnitte für Hundefreunde und Freunde der Freien Körperkultur. Sowohl am Südende in Skummeslövsstrand als auch ganz am nördlichen Ende der Bucht liegen Eldorados für Kite-Surfer und Wind-Surfer. Der Strand kann dort direkt mit dem Auto erreicht werden. Es gibt unzählige Wege für Fußgänger und Fahrradfahrer durch die Dünen zum Strand. Die Dünen dürfen betreten werden, so dass mit jedem Strandbesuch ein neuer Weg erkundet werden könnte.

Am Strand von Mellbystrand

Hjörneredsjöarna

Das nördliche Ende des Strandes liegt an der Mündung des Flusses Lagan. Der lachsreiche Fluss schlängelt sich durch Südhalland. In der Nähe von Skogaby unweit von Laholm wurde der Fluss aufgestaut und so entstand ein künstliches Seengebiet, Hjörneredsjöarna. Das Gebiet lädt nicht nur zum Spazierengehen ein, sondern auch zum Zelten, Kanufahren, Waldbeeren pflücken und Pilze sammeln. Überall verteilt gibt es Feuerstellen und einfache offene Hütten, die privat genutzt werden können.

Dank des Jedermannrechts, das Allemansrätt, ist es in Schweden jedem gestattet, sich frei in der Natur zu bewegen. Auch Übernachtungen in der Natur sind erlaubt. Es geht um das Genießen und Entdecken der Natur. Das Stören und Zerstören von Fauna und Flora sind selbstverständlich strengstens verboten.

Halland ist zu jeder Jahreszeit eine Reise wert. Im Herbst und Winter ist es besonders ruhig in der Provinz. Nicht nur die meisten Touristen sind wieder zu Hause sondern auch die Einheimischen, die in den Sommermonaten in ihren Ferienhäusern Urlaub machen. Die Dauercamper sind ebenfalls verschwunden. Die Natur verwandelt sich im Oktober in eine wunderschöne Farbpalette herbstlicher Farben. Die Herbststürme tragen das Laub fort. Dann herrschen für einige Monate Frost und Schnee und verzaubern Land und Wasser in glitzernde Landschaften.

Es folgen Impressionen von
Halland im Herbst und im Winter.

In Knäred

Am Lagan

Am Lagan

Am Lagan

Eisschollen am Strand von Mellbystrand

Essen & Trinken

Isst man in Schweden wirklich so oft Köttbullar und Zimtschnecken? Wo kann man Alkohol kaufen? Ist Alkohol immer noch so teuer? Warum schmeckt das schwedische Brot süß? Was ist fika?

Diese und ähnliche Fragen werden mir immer wieder gestellt. Anscheinend gibt es nach wie vor Vorurteile zum Thema Restaurantbesuche, Lebensmittel und Alkohol. Daher widme ich dem Thema Essen und Trinken ein eigenes Kapitel, um die ein oder andere Frage zu beantworten und persönliche Empfehlungen für Cafés und Restaurants im südlichen Halland zu geben.

In den vergangenen 25 Jahren hat sich, meinem Empfinden nach, sehr viel bezüglich des Themas Essen verändert. Als ich damals in Schweden lebte, war die schwedische Küche insgesamt noch deutlich traditioneller und Restaurants mit exotischen Gerichten eher selten und fast ausschließlich in den Großstädten zu finden. Traditionen und traditionelles Essen sind nach wie vor wichtig. An schwedischen Feiertagen wie Midsommarafton, Lucia und Weihnachten wird in den Familien immer noch sehr traditionell gegessen. Pellkartoffeln und Matjes mit Schnaps hinuntergespült am Fest der Sommersonnenwende; Flusskrebse in Wasser und Dill gekocht zum Krebsessen (Kräftmässa) im Spätsommer, Lussekatter, ein Safran-Hefegebäck, am Luciatag, dem 13. Dezember und ein Buffet (julbord genannt) mit traditionellen schwedischen Gerichten wie Weihnachtsschinken, Köttbullar, Räucherlachs, Käse und vieles mehr an Heiligabend. Daran hat sich nichts geändert.

Die Vielfalt an Cafés, Pubs und Restaurants ist aber heute wesentlich größer und doch findet sich auch in der Gastronomie weiterhin der schwedisch traditionelle Einfluss wieder. Die kleinen Lokale mit ihren selbst angebauten Zutaten und frisch zubereiteten Gerichten befinden sich nicht nur in Stockholm oder Göteborg sondern auch in den ländlichen Gegenden. Im Restaurant zu essen ist nicht unbedingt teurer als in Deutschland. Es gibt für jede Preisgruppe Lokalitäten. Frische, lokale Zutaten haben ihren Preis. Das ist in Deutschland nicht anders. Alternativ gibt es in vielen Lokalen das sogenannte dagens rätt, das Tagesgericht. Das beinhaltet für gewöhnlich eine Hauptspeise, ein Getränk sowie einen Kaffee. Ein Tagesgericht kostet in etwa zehn Euro.

Apropos Kaffee. Die Schweden sind ein Kaffee liebendes Volk. Nur die Luxemburger, Niederländer und Finnen haben einen noch höheren Pro-Kopf-Verbrauch an Kaffee. In den Cafés gibt es påtår, das heißt man füllt seine Kaffeetasse ein weiteres Mal auf ohne extra dafür zahlen zu müssen.

Wenn wir schon bei schwedischen Wörtern und Floskeln sind, dann muss ein weiteres Wort, was zu Essen und Trinken gehört, unbedingt genannt werden. Fika. Dieses Wort wird einem Schwedenurlauber auf jeden Fall irgendwann einmal begegnen. Es ist mit der englischen Teatime vergleichbar. In Schweden wird zur fika, die am Nachmittag gegen 15 Uhr stattfindet, Kaffee (Tee, Wasser, etc. gehen natürlich auch; die Schweden sind da tolerant) getrunken. Dazu gibt es Zimtschnecken. Ja, Zimtschnecken sind wirklich stark verbreitet in Schweden. In einer traditionellen Zimtschnecke ist auch immer das Gewürz Kardamom im Teig enthalten. Wobei es auch reine Kardamomschnecken gibt, kardemummabullar. Die Schweden verwenden die Gewürze Zimt, Kardamom und Nelke nicht nur zur Weihnachtszeit sondern ganzjährig.

Was ist denn jetzt mit Köttbullar? Ja, was soll ich sagen. Es stimmt. Köttbullar stehen auf fast allen Speisekarten. Sie sind wirklich landesweit verbreitet. Die Zusammensetzung der Zutaten variiert. Kött heißt Fleisch. Daher können die Köttbullar auch aus Elchfleisch oder Rentierfleisch bestehen. Je nach Region werden ebenfalls unterschiedliche Gewürze benutzt.

Ein typisches schwedisches Gericht ist auch die smörgåstårta, wörtlich: Butterbrottorte. Das hört sich vielleicht seltsam an, ist aber mehr als zur Torte übereinander geschichtete Butterbrote. Die smörgåstårta besteht aus mehreren Schichten Weißbrot und hat eine cremige Füllung. Die Füllung unterscheidet sich, wobei Mayonnaise und Ei immer als Basis enthalten sind. Traditionell wird die smörgåstårta mit Gurken, Garnelen und geräuchertem Lachs gefüllt sowie mit Zitronenscheiben und Dill dekoriert. Es gibt sie aber auch mit Leberpastete oder mit Kaviar. Sie sieht wie eine Torte aus, wird wie eine Torte serviert und wird kalt gegessen.

Und was gibt es zum Nachtisch? Eis. Die Schweden trinken nicht nur Unmengen an Kaffee sondern essen auch verhältnismäßig viel Eis. Der Pro-Kopf-Verbrauch liegt bei etwa 9 kg im Jahr. Der Preis am Eisstand mag einen zunächst erschrecken, aber die Kugeln sind größer als die durchschnittlichen Eiskugeln in Deutschland. Pro weiterer Kugel wird es übrigens günstiger.

Das Brot in Schweden schmeckt oft süß, da viele Brotsorten Sirup enthalten. Seit ein paar Jahren sind in Schweden aber auch Sauerteigbrote, Vollkornbrote und andere ungesüßte Brote im Sortiment. Cafés, die Mittagssnacks anbieten, backen ihre eigenen Brote, die nicht nur für die Gerichte zum Vor-Ort-Verzehr verwendet, sondern auch als Laibe verkauft werden. Traditionelle Bäckereien gibt es wenige, aber ich beobachte eine Tendenz zu vermehrten Neueröffnungen. Dabei werden nicht nur Brote aus ökologischen Zutaten angeboten sondern auch Gebäcke aus eigener Produktion.

Bliebe noch das Thema Alkohol bzw. alkoholische Getränke. Die ehrliche unverblümte Antwort: alkoholische Getränke sind in Schweden deutlich teurer als in Deutschland, was vor allem an der hohen Alkoholsteuer liegt. Der Konsum von Alkohol in Lokalen ist preisintensiv. Alkoholische Getränke können nur in speziellen Geschäften, Systembolag genannt, gekauft werden. Das Bier, welches im Supermarkt angeboten wird, ist immer ein lättöl (Leichtbier) also mit sehr geringem Alkoholgehalt versehen.

Bevor ich im Anschluss meine Empfehlungen für Cafés und Restaurants im südlichen Halland gebe, möchte ich noch kurz erwähnen, dass Menschen mit Allergien und Unverträglichkeiten in Schweden gut aufgehoben sind. Seit vielen Jahren ist die Lebensmittelindustrie in Skandinavien darauf eingestellt, da beispielsweise Gluten- und Laktoseunverträglichkeit in Schweden weit verbreitet sind. Die Auswahl an entsprechenden Produkten in den Supermärkten, die übrigens 7 Tage / Woche geöffnet haben, ist groß und auch Restaurants und Cafés sind auf Allergien und Unverträglichkeiten eingestellt.

Im Urlaub möchte ich nicht kochen, sondern lieber die lokale Küche erproben. Meine Empfehlungen von Süd nach Nord im südlichen Halland sind: Strandhotellet in Mellbystrand, Vilgots Surdegsbageri in Våxtorp, Kvarnen i Kornhult, Tebod in Kornhult, Konditori Cecil in Laholm, Rökeriet Laholm, Söderfamiljen in Halmstad, Söderpiren in Halmstad, lillebror in Halmstad sowie Särdals Kvarn in Särdal.

Es gibt zahlreiche weitere größere und kleinere Cafés und Restaurants. Ein einfaches Schild an der Landstraße kann zu einem idyllischen Ort mit leckeren Köstlichkeiten führen. Nur weil etwas auf Google nicht gefunden werden kann oder keine Bewertungen vorliegen, heißt das nicht, dass dieser Ort schlecht ist. Die weit verbreiteten Golfplätze haben beispielsweise oftmals ein gutes Restaurant im Angebot, welches für jeden zugänglich ist.

Kvarnen i Kornhult

Meine absoluten Favoriten verlinke ich im Anhang. Das ist zum Beispiel Kvarnen i Kornhult, die Mühle in Kornhult nur wenige Kilometer von Hishult entfernt. In absoluter Fleißarbeit hat eine junge Dänin das ehemalige Mühlengelände nicht nur zu einem Obst- und Gemüsegarten umgestaltet, sondern betreibt ein Restaurant mit kleiner aber feiner Karte. Das Grundstück grenzt an einem Wald mit einem Bach. Es gibt keine Zäune. Das Erkunden und Anschauen der Hochbeete, Beete und des Waldes sind erlaubt. Spielzeuge für Kinder liegen bereit, falls der Aufenthalt der Erwachsenen länger dauert als ursprünglich geplant, da doch noch ein Nachtisch und weitere Tasse Kaffee Platz im Magen finden.

Salat-Gericht im Kvarnen i Kornhult

Vilgots Surdegsbageri, Vilgots Sauerteig Bäckerei, wiederum ist eine Bäckerei in Våxtorp (unweit von Laholm), die erst Anfang des Jahres ihre Türen öffnete, aber bereits jetzt ein Dauerbrenner bei mir ist, denn hier essen wir nicht nur immer mal wieder ein leichtes Mittag, sondern kaufen Brot, Brötchen und Zimtschnecken. Beide Favoriten befinden sich in sehr kleinen Orten im südlichen Halland, fernab großer Straßen und Touristenwege, werden aber gerne von Einheimischen gut frequentiert. Qualität spricht sich rum.

Bitte immer die aktuellen Öffnungszeiten checken, denn diese sind saisonal sehr unterschiedlich. Einige Cafés sind nur in der Sommersaison geöffnet.

Zimt- und Kardemommaschnecken der Vilgots Surdegsbageri

Brot und Brötchen der Vilgots Surdegsbageri

Der dritte Ort ist auch eine ehemalige Mühle, Särdals Kvarn. Sie liegt nördlich von Halmstad bei Haverdal und ist eine der größten Mühlen in Skandinavien. Hier gibt es ebenfalls eine feine Auswahl an herzhaften Gerichten und selbst gebackenen Kuchen. Tische und Stühle sind im gesamten Garten verteilt. Der Delikatessenladen bietet eine große Auswahl an Marmeladen und lokalen Leckereien sowie Vintage Gegenständen und Spielsachen. In der Galerie finden jährlich wechselnde Ausstellungen statt. In diesem Jahr ist es eine Fotoausstellung mit wunderschönen Fotos von Halland.

Särdals Kvarn

Unterkünfte

Ein typisches Cliché über Schweden lautet, dass die meisten Menschen in einem roten Holzhaus leben. Es gibt durchaus Gegenden, in denen immer noch die roten Holzhäuser dominieren, aber längst nicht mehr überall. Das Rot wird auf Schwedisch übrigens faluröd / falurött genannt. Ursprünglich (und offiziell) heißt es Falu Rödfärg. Die Farbe stammt aus Falun (eine Stadt in der Provinz Dalarna in Mittelschweden) bzw. das Pigment wurde aus dem Abraum des Kupferbergbaus in Falun gewonnen. Die Holzhäuser sind heutzutage meistens keine richtigen Holzhäuser mehr, sondern Massivhäuser mit Holzverkleidung. Neben den traditionellen roten Häusern gibt es auch gelbe und taubengraue / blau-graue Häuser.

Anders als in Deutschland leben die Schweden mehrheitlich in eigenen Häusern, da vor allem außerhalb der Städte kaum Mietwohnungen im Angebot sind. Der Mietmarkt ist generell weniger ausgeprägt als in Deutschland. Wohnungen in den Städten werden oftmals in zweiter, dritter und sogar vierter Hand vermietet.

Rotes Schwedenhaus am Lagan

Ein Großteil der Schweden besitzt ein Ferienhaus, welches in vielen Fällen bereits seit vielen Jahren in Familienbesitz ist und von Generation zu Generation vererbt wird. Wer in Mittel- oder Nordschweden lebt, hat möglichst im Süden des Landes ein Feriendomizil und wer im Süden wohnt, hat das Ferienhaus eher in Mittel- oder Nordschweden. Diese Häuser befinden sich in beliebten Urlaubsgebieten in Küstennähe, an den Seen oder einsam im Wald. Vor einigen Jahrzehnten begannen die ersten Schweden, ihre eigenen Ferienhäuser an Urlauber zu vermieten.

Mittlerweile ist die Vermittlung von Ferienhäusern genauso professionell wie in Dänemark und Interessierte können aus einem großen Angebot wählen. Anders als in Dänemark gibt es in Schweden kaum Dörfer, in denen die Ferienhäuser einiger Ferienhausanbieter überwiegen. Mietet man in Schweden ein Ferienhaus hat man normalerweise einen einheimischen Nachbarn oder im Umkreis einiger Kilometer gar keinen Nachbarn.

In den ersten Jahren, in denen ich nach Schweden in den Urlaub fuhr, habe ich gerne Ferienhäuser für den Aufenthalt gemietet. Ein gewisser Standard war mir dabei wichtig, denn aus dem entspannten Urlaub in der romantischen Hütte mit Seezugang kann schnell ein nicht gewollter Abenteuerurlaub werden. Es werden Ferienhäuser angeboten, die sehr idyllisch im Wald und direkt am See liegen und zudem unwiderstehlich günstig sind. Das schont zwar das Reisebudget aber gegebenenfalls nicht die Nerven. Wenn beispielsweise nach einer Gewitternacht bemerkt wird, dass weder das Wasser fließt noch der Strom strömt, kann das Urlaubsgefühl durchaus dahin sein.

Das habe ich teilweise selbst erlebt aber auch schon häufiger von Bekannten gehört. Ein Blitzeinschlag in der Gegend und die Sicherungen springen heraus. Ersatzsicherungen gehören nicht unbedingt zur Grundausstattung. Ist dann eben auch die Pumpe des Brunnen defekt, gibt es kein Wasser im Haus. Da kann man dann wiederum schon fast von Glück reden, dass zum Objekt ein Plumpsklo gehört. Ist es Sommer und die kleinen Mückenbiester kommen noch zusätzlich zu Besuch, kann es gegebenenfalls passieren, dass man den Urlaub verflucht und nie wieder in dieses schöne Land reisen möchte. Daher, mein Tipp, einfach mit Humor an die Sache herangehen und erst einmal den Vermieter anrufen. Die Schweden sind freundliche und hilfsbereite Menschen. Dafür bedarf es auch keiner schwedischen Sprachkenntnisse, denn der überwiegende Teil der Bevölkerung spricht Englisch, manchmal sogar Deutsch.

Ich erinnere mich an einen Silvesterurlaub mitten in den Wäldern der Provinz Småland. Wir waren 10 Freunde plus ein Hund; verteilt auf 3 Autos. Ein Auto war mit Winterrädern ausgestattet und für ein Auto hatten wir Schneeketten dabei. Die Wegbeschreibung zu unserem gemieteten Ferienhaus führte uns von der Autobahn weg auf eine Landstraße, die vom Schnee befreit war, dann auf eine weitere Landstraße, die schneebedeckt war und dann in einen Waldweg hinein, der kaum als Weg erkennbar war. Obwohl erst später Nachmittag war es trotz des Schnees stockfinster. Der Waldweg war quasi nur eine Reifenspur. Ab und an sahen wir die orangefarbenen Wegbegrenzungsstöcker, die in Schweden an kleinere Straßen gesteckt werden, damit auch bei höheren Schneelagen die Wegführung erahnt werden kann.

Wir waren nicht ganz sicher, ob dieser Waldweg wirklich der richtige Waldweg zu unserem Haus war. Also fuhr nur das Auto mit Winterrädern in den Wald. Wir anderen warteten an der Landstraße. Es dauerte eine gefühlte Ewigkeit. Dann sahen wir Lichter aus dem Wald auf uns zukommen und wussten nicht so recht, ob das ein gutes oder ein schlechtes Zeichen war. Es gab dann auch in der Tat eine gute und eine schlechte Nachricht. Die gute Nachricht war, es ist der richtige Waldweg. Die schlechte, obwohl etwa 800 m entfernt ein Haus angetroffen wurde, war das nicht das Ferienhaus sondern das Haus der Vermieter. Unser Ferienhaus lag weitere ca. 800 m tiefer im Wald. Der Weg war nicht nur schneebedeckt, sondern auch sehr kurvig und an einer Seite abschüssig. Wir montierten die Schneeketten an die Räder des einen Autos. Die Schneeketten passten nicht an die Räder des anderen Autos mit Sommerrädern, so dass wir dieses Auto abschleppten beziehungsweise wie es sich hinterher herausstellte, das Auto hinter dem anderen herschleuderten. Diese Strecke zog sich wie Kaugummi.

In der Zwischenzeit fuhren die Vermieter zum Ferienhaus, um uns alle begrüßen zu können. Das Haus war sehr gemütlich. Im Nebengebäude war die Sauna mit einem Aufenthaltsraum untergebracht. Einige von uns sprachen Schwedisch. Wir nahmen die Anweisungen von den Vermietern entgegen. Ja, richtig, die Anweisungen. Wir dürften nicht zu viele Geräte gleichzeitig einschalten. Es würde die Gefahr bestehen, dass dann die Sicherungen herausspringen. Was genau, viele Geräte wären, konnte uns nicht genau gesagt werden. Wir würden es in den folgenden Tagen aber herausfinden. Nach der langen Anreise genossen wir am Abend die ein oder andere Flasche Wein, schliefen gut bis in den späten Morgen und freuten uns auf eine entspannte Woche.

Glücklicherweise hatten wir Essen für das erste Frühstück mit im Gepäck und mussten nicht sofort den Waldweg entlang rutschen, um Essbares aufzutreiben. Sicherung Nummer eins verließ uns dann beim Kaffeekochen. Es gab keinen Wasserkocher, also erwärmten wir ganz klassisch Wasser in einem Topf auf dem Herd. Großer Fehler. Herd und Heizung gleichzeitig an. Ging nicht. Zum Glück fanden wir eine Ersatzsicherung, sogar zwei, um genau zu sein. Also alles gut. Es war richtig idyllisch. Das Holzhaus lag mitten im verschneiten Wald. Es gab Neuschnee in der Nacht. Die Natur glitzerte vom Frost. Wir hatten keinen Plan für den Tag. Einige von uns fuhren mit dem Winterräderauto zwischendurch los, um Essen für die kommenden Tage zu kaufen, aber ansonsten wollten wir nichts weiter unternehmen. Bücher lesen, Kartenspiele spielen, Wein trinken und in die Sauna gehen.

Stichwort Sauna. Sauna und Heizung zur gleichen Zeit an ging auch nicht. Sicherung Nummer zwei. Jetzt mussten wir vorsichtig sein, denn es gab keine Ersatzsicherungen mehr. Sauna und Herd zusammen an ging ebenfalls nicht. Fatal! An die Heizung hatten wir gedacht. Das Haus heizten wir vorab auf und feuerten auch den Kamin an, aber jemand wärmte Wasser für Tee, ohne zu wissen, dass die Sauna bereits angestellt worden war. Wir riefen unsere hilfsbereiten Vermieter an, die uns noch am Abend zwei Sicherungen vorbeibrachten. Ungefähr ab dem Zeitpunkt hatten wir gelernt, wann welches Gerät ein- und auszuschalten war. Timing und Abstimmung waren alles.

Am nächsten Morgen meinten die Freunde, die ihre Deutsche Dogge mit dabei hatten, dass es weitere Hundefutteresser im Haus geben muss. Abends wären Reste an Trockenfutter im Napf gewesen, aber morgens war der Napf immer leer. Es stellte sich ziemlich schnell und eindeutig heraus, dass wir nichtzahlende Untermieter hatten. Die Vermieter waren über die Information nicht überrascht und boten an, Mausefallen vorbei zu bringen. Das taten sie dann auch, aber als wir die erste Maus in der Falle sahen, brachten wir es nicht übers Herz, die anderen Fallen stehen zu lassen. Wir akzeptierten die Mitbewohner und lebten friedlich miteinander. Das Hundefutter in der Küche half, die Mäuse im Erdgeschoss zu halten.

Nach einer weiteren frostigen Nacht mit Neuschnee gab es eine weitere Überraschung, nämlich kein fließend Wasser. Die Leitungen waren eingefroren. Wir dachten, wir hätten gelernt, die Geräte zu beherrschen, aber so im halbwachen Zustand, vergaßen wir die Heizung auszustellen, als wir Schnee in allen verfügbaren Töpfen auf dem Herd schmelzen lassen wollten, um Wasser für Kaffee, Tee und zum Zähneputzen zu nutzen. Richtig, Sicherung Nummer drei.

Und trotzdem war es ein wundervoller Urlaub. Wir verpassten zwar Mitternacht am Silvesterabend und stießen erst eine Stunde später auf das neue Jahr an, aber mit jedem Sprung in den Schnee nach dem Saunabesuch und dem Hören des Röhren von Elchen im Wald waren herausgesprungene Sicherungen vergessen.

Ferienhäuser sind eine Übernachtungsmöglichkeit, um eher abgeschieden zu urlauben. Das Angebot ist groß. Da ist für jede Preis- und Größenklasse etwas dabei. Alternativ gibt es natürlich Hotels und AirBnB. Ich persönlich buche gerne Scandic Hotels oder kleinere Boutique Hotels in den größeren Städten. B&B wiederum sind nicht sehr ausgeprägt in Schweden. Sie sind durchaus vorhanden, aber die Verbreitung ist nicht so umfangreich wie beispielsweise in Großbritannien und Irland.

Dafür gibt es in Schweden, auch in Halland, zahlreiche Campingplätze. Mit dem eigenen Wohnmobil, Wohnwagen oder Zelt kann dank des Jedermannrechts überall für eine Nacht das Lager aufgeschlagen werden. Die Campingplätze bieten dagegen mehr Komfort, da sie mit Stellplätzen, Serviceeinrichtungen sowie Hütten ausgestattet sind. Der Vorteil des Mieten einer Hütte auf einem Campingplatz ist, dass es keinen festgeschriebenen Anreisetag gibt. Ferienhäuser dagegen sind samstags bis samstags buchbar. Am Samstag ist aber nicht nur der Reiseverkehr erhöht sondern auch die Fährüberfahrten sind teurer, wenn mit der Fähre angereist wird.

Die Campingplätze in Schweden haben üblicherweise einen guten bis sehr guten Standard. Die Serviceeinrichtungen (Duschen, Küchen, Waschmaschinen, etc.) sind auf zahlreichen Plätzen vorhanden. Die Holzhütten sind entweder nur Schlafhütten (dann müssen Waschräume und Toiletten der Campinganlage genutzt werden) oder aber Hütten, die sowohl mit einer Küchenzeile als auch mit einem Bad ausgestattet sind. In Halland gibt es entlang der gesamten Küste zahlreiche Campingplätze.

Für das südliche Halland empfehle ich meine beiden Favoriten: Mellbystrands Camping und Flammabadets Camping.

Der erstgenannte befindet sich in Mellybystrand, ganz in der Nähe der Kleinstadt Laholm. Der Campingplatz bietet zahlreiche Stellplätze sowie viele Holzhütten. Er liegt am nördlichen Ende der Ortschaft Mellbystrand direkt hinter den Dünen. Der Strand ist in diesem Bereich fein sandig, weitläufig und sogar mit einem FKK Bereich versehen, was in Schweden nicht allzu häufig vorkommt.

Flammabadets Camping wiederum liegt etwas im Landesinneren von Südhalland im kleinen Ort Knäred. Es ist ein kleiner, gemütlich wirkender Campingplatz mit wenigen Stellplätzen und einigen einfachen Schlafhütten. Direkt am Campingplatz befindet sich eine großzügige Freibadanlage mit Babybecken, Kinderbecken und Schwimmerbecken. Diese ist in den Sommermonaten geöffnet.

Beide Campingplätze kenne ich persönlich. Die vielen anderen Campingplätze in Halland habe ich nicht besucht und möchte mich daher nicht weiter dazu äußern.

Im Anhang füge ich einen Link zur allgemeinen Campingplatzseite von Schweden bei. Dort sind sämtliche Campingplätze Schwedens zu finden und können beispielsweise nach Lage, Kinderfreundlichkeit und Ausstattung gefiltert werden.

Campingplatz Flammabadets Camping in Knäred am Lagan im Hintergrund im Wald

Am Hjörneredsee

Das eigene Ferienhaus in Schweden

Eine weitere Alternative an Unterkünften ist das eigene Haus in Schweden. Der Erwerb von Eigentum in Schweden ist prinzipiell möglich und gerade für uns Europäer unkompliziert. Ich habe mein Haus vor 15 Jahren gekauft. Die Anzeige fand ich im Internet. Das Onlineangebot war damals noch sehr überschaubar, da noch nicht alle Immobilienmakler alle Angebote im Internet veröffentlicht haben. Die Abwicklung über die Landesgrenzen hinweg war aber damals bereits zügig und zielführend. Heutzutage stellen die Makler alle Angebote ins Netz, was die Auswahl deutlich vergrößert hat im Vergleich zur Zeit, als ich auf Haussuche war.

Die Ausschreibungen und Hausbeschreibungen sind natürlich auf Schwedisch. Online Übersetzungsdienste machen es möglich, die Anzeigen rasch übersetzen zu lassen. Wie auch beim Hauskauf in der Heimat sollte sich vorab Gedanken gemacht werden, welche Art Haus bevorzugt wird zum Beispiel bezüglich Lage, Baustil, Ausstattung, Budget, etc. Meine Empfehlung ist der Kauf einer Immobilie über einen schwedischen Makler, da dieser standardisierte, rechtlich abgesicherte Verträge nutzt. Den Makler zahlt in Schweden der Verkäufer. Es entstehen daher keine zusätzlichen Kosten, wenn über ein Maklerbüro ein Haus oder eine Wohnung erworben wird. Vom Kauf direkt vom Eigentümer würde ich abraten. Wenn nach Kaufabschluss Ungereimtheiten oder Probleme auftauchen, kann die Problemlösung zu einer hohen Herausforderung werden.

Schweden ist ein sehr transparentes Land. Fakten zu Personen und Liegenschaften sind offen im Netz einsehbar. Das ist in Deutschland aufgrund des deutschen Datenschutzes undenkbar, aber in Schweden ist es so und kann bei der Wahl eines Objektes hilfreich sein. Scheint ein Haus interessant und kommt in die nähere Wahl kann anhand der Adresse online herausgefunden werden, wann und zu welchem Preis das Objekt zuletzt verkauft worden ist, was die Liegenschaft in etwa wert ist, was die Objekte der Nachbarschaft wert sind, welches Durchschnittseinkommen die Einwohner des Ortes haben und vieles mehr. Das Haus wird mit einem Angebotspreis versehen. Interessenten bieten ihren Kaufpreis. Der Verkäufer entscheidet, an wen er verkauft. Es muss nicht der Meistbietende den Vorzug bekommen.

Der Kaufvertrag ist auf Schwedisch. Aus rechtlichen Gründen ist der Vertrag immer in der Landessprache. Da heutzutage aber die meisten Unterlagen elektronisch vorliegen, kann der Vertrag durch einen Übersetzungsdienst übersetzt werden. Das ist insgesamt günstiger als einen deutschen Makler in Betracht zu ziehen. Erfahrungsgemäß sind die Angebotspreise eines deutschen Maklers für Immobilien in Schweden höher, da der Makler in Deutschland vom Käufer zu zahlen ist und auch Übersetzungsleistungen abgerechnet werden können.

Wird für den Kauf des Objektes ein Kredit benötigt, kommt wahrscheinlich eine deutsche Bank eher in Betracht, da das Einkommen in Deutschland erbracht wird und die Verhandlungen mit der Hausbank unkomplizierter sind.

Generell empfehle ich, in Schweden ein Konto zu eröffnen, sobald eine Immobilie erworben wurde. Spätestens an dieser Stelle wird einem klar, dass man anders ist. Für gewöhnlich besitzen Ausländer keine schwedische Personennummer und ohne Personennummer kommt man in Schweden nicht all zu weit. Auf jeden Fall wenn es um Kundenkarten, Bibliotheksausweise und eben Bankkonten geht. Es ist allerdings möglich, ein einfaches Bankkonto einrichten zu lassen. Dieses ist eher wie ein traditionelles Sparbuch; ohne Bankkarte und ohne Möglichkeit des Online Banking. Über dieses Konto können aber Einzugsermächtigungen und Daueraufträge erstellt werden, so dass der Geldtransfer in schwedischen Kronen erfolgen kann. Euro-Überweisungen von Deutschland nach Schweden sind nach wie vor teuer. Ein Konto bei einer schwedischen Bank spart Kosten und ist hilfreich, um nach dem Immobilienerwerb sämtliche wiederkehrende Nebenkosten zu begleichen. Das sind im Wesentlichen Strom, Wasser / Abwasser, Müllgebühren, Versicherungen sowie die Grundsteuer.

Für die Ermittlung der Grundsteuer wird jährlich eine Steuererklärung fällig. Diese kann komplett elektronisch abgewickelt werden und ist mittlerweile für Nicht-Schweden angepasst, das heißt sie kann auch ohne schwedische Sprachkenntnisse erstellt werden.

Unser Ferienhaus

Aktivitäten

Immer wieder werde ich gefragt, was wir in Schweden unternehmen, wenn wir in den Urlaub fahren. Wir wären doch stets in der gleichen Gegend. Ob das nicht langweilig wird?

Mir und meiner Familie fällt in der Tat immer irgendetwas ein, was wir unternehmen können, wenn wir in Schweden Urlaub machen. Obwohl einige Ausflüge in die Natur bei jedem Schwedenbesuch auf dem Programm stehen, wird es nicht langweilig, da wir Neues entdecken oder einfach nur den Moment genießen. Bei jedem Besuch in Halland steht unter anderem ein Spaziergang am Kvarnfallet bei Knäred an. Dort waren wir schon unzählige Male, aber der Fluss Lagan trägt unterschiedlich viel Wasser, was die Wasserläufe verändert. Außerdem mögen wir den angrenzenden Wald dort. Wir naschen Beeren, sammeln Pilze, liegen im Moos oder legen an den dort aufgestellten Sportgeräten eine Pause ein. Dieser Ort hat sich im Laufe der vergangenen 15 Jahre sehr verändert. Als ich mein Haus kaufte, war die alte Wassermühle völlig heruntergekommen. Eine verrostete Brücke führte über den Fluss. Die Waldwege waren hauptsächlich Trampelpfade. Heute ist die Mühle restauriert. Die alte Brücke existiert nicht mehr. Sie wurde auch dank Spenden der Einheimischen mit einer neuen Hängebrücke ersetzt. Die Waldwege sind ausgebaut und befestigt. Die Schweden lieben ihr Land und ihre Natur. Das merkt man an vielen Stellen. Viel Werbung für spezielle Naturgebiete gibt es nicht, denn letztendlich ist fast das ganze Land durchzogen mit wunderschöner Natur.

Wenn wir in Schweden sind, nutzen wir die Zeit meistens für Shopping. Obwohl wir in der Hamburger Innenstadt wohnen, die Geschäfte gewissermaßen vor der Haustür liegen, finden wir in Schweden die Gelassenheit, entspannt einzukaufen. In den Städten Laholm und Halmstad gibt es neben den bekannten Markengeschäften auch kleine Läden. Außerhalb der Städte befinden sich die größeren Shoppingcenter und Baumärkte. Und dann gibt es die kleinen, teilweise skurrilen Läden, auf die selbstgemachte Straßenschilder hinweisen. Dort gibt es Selbstgemachtes, Second Hand oder auch Neuwaren. Oft befinden sich diese Läden in ehemaligen Scheunen oder im Nebengebäude des Wohnhauses der Ladenbesitzer. Einige sind echte Fundgruben. Typisch schwedisch sind die "Loppis" (kurz für "Loppmarknad"). Das sind Flohmärkte. Vor allem an Wochenenden gibt es diese Loppis in Dörfern und kleineren Orten, teilweise organisiert von mehreren Einheimischen oder auch privat als "garage loppis". Einkaufen geht im Prinzip immer. Die großen Geschäfte und Supermärkte sind montags bis sonntags geöffnet. Einschränkungen gibt es nur an Midsommar und Weihnachten.

Keramiker in Skottorp - Skottorps Stengods

Tulipa Blomsterverkstad in Knäred

lillebror in Halmstad / Västra Stranden

Kleiner Tipp für Halmstad - Shoppen am Vormittag in der Innenstadt und im Anschluss zum Stadtstrand spazieren, auch Västra Stranden genannt. Dort befinden sich das lillebror und Söderpiren (in der Wintersaison aber geschlossen). Das lillebror ist bekannt für seine "Fish `n`Chips". Nur ein paar Meter weiter liegt das Söderpiren in den Dünen. Auch von der Außenterrasse des Söderpiren ist Wasserblick angesagt. Das Söderpiren bietet sowohl Mittagssnack als auch Kuchen. Ab etwa Ostern kann hier sonntags gebruncht werden. Ab Sommer 2022 wird sogar eine Glampingmöglichkeit angeboten - schlafen in "Kottehusen" in den Dünen.

Neben Museen in Laholm und Halmstad, die feste als auch wechselhafte Ausstellungen darbieten, finden im Sommer kulturelle Veranstaltungen auch in kleineren Gemeinden statt. Ein Blick in die kostenfreien Magazine, die in den Geschäften ausliegen, lohnt sich. Die Mitarbeiter und Mitarbeiterinnen in den Touristeninformationen helfen ebenso weiter, um sich über Kulturelles und Anderes in Halland zu informieren.

Sportliche Aktivitäten sind ganzjährig möglich. Alle denkbar möglichen Sportaktivitäten aufzuzählen ist schlicht nicht machbar. Ich beschränke mich deshalb auf die Wesentlichen, die in Halland verbreitet sind und erwähne Sportparks, die spezielle Sportarten im Angebot haben.

Die weit verbreiteten Strände laden nicht nur zum Sonnenbaden und Schwimmen ein, sondern auch zum Windsurfen und Kitesurfen. Insbesondere die Strandabschnitte am südlichen Skummeslövsstrand, nördlich von Mellbystrand sowie bei Laxvik (südlich von Halmstad) sind dafür geeignet und beliebt.

Wir fahren oft für einen Spaziergang nach Mellbystrand. Dort sammeln wir Muscheln, bauen Kleckerburgen oder wandern in den Dünen herum. Im Kofferraum liegt ein Drachen, den wir am Strand steigen lassen, wenn es windig genug ist. Hier baden wir auch, denn das Wasser ist klar und normalerweise kaum wellig. Das ist für die Kinder sehr angenehm. Ein Highlight ist auch immer wieder ein abendliches Picknick zum Sonnenuntergang.

Strand von Mellbystrand

Sonnenuntergang am Strand von Mellbystrand

Joggen und Fahrradfahren sind im Prinzip überall möglich. Einige Waldwege sind beleuchtet, so dass auch in der dunklen Jahreszeit das Laufen und Spazierengehen im Wald denkbar ist. Im Winter wird auf den beleuchteten Routen auch gerne Ski gelaufen. Skilanglauf ist in Schweden weit verbreitet. So auch das Golfen. Golfen ist Volkssport. Daher gibt es im gesamten Land zahlreiche Golfclubs. Allein im kleinen Halland sind es 20 Plätze.

In Halland wird auch gerne geangelt. Grundsätzlich benötigt man eine Angelerlaubnis für das Gebiet, in dem geangelt werden möchte. Ein Angelschein oder eine Lizenz sind hingegen nicht notwendig. Die Angelerlaubnis kann in Touristeninformationen, an Tankstellen und in Fachgeschäften erworben werden. Besonders beliebt ist das Angeln von Lachs in Laholm sowie das Fischen in den Hjörneredseen. Dort dominieren die Fischarten Zander, Hecht, Barsch, Forelle sowie Brasse und Plötze.

Auf den Hjörneredseen kann auch gut Kanu gefahren werden. Die Seenlandschaft ist durchzogen mit kleinen Inseln. Dank des Jedermannrechts darf auf den Inseln gezeltet und gepicknickt werden. Es gibt einen Kanuverleih vor Ort. Selbstverständlich dürfen eigene unmotorisierte Boote und SUPs benutzt werden.

Hjörneredsee

Wer es nicht ganz so ruhig wie beispielsweise beim Angeln angehen möchte, aber dennoch das Wasser liebt, hat möglicherweise Spaß im Wakeboard Park in Halmstad. Die Anlage befindet sich im alten Steinbruch von Grötvik. Neben Wakeboard fahren kann auch Wakeskating getestet oder ein SUP gemietet werden. Eintritt in den Park ist frei. Nur die Aktivitäten müssen gezahlt werden.

So ist es auch im Kungsbygget bei Våxtorp im Hallandsåsen. Hier kann geklettert, Sommerrodel und Zipline gefahren werden oder man lässt sich beim Bungee Rocket empor schnellen. Außerdem gibt es einen Fahrradpark. Die Strecken haben verschiedene Schwierigkeitsgrade. Zum Kungsbygget fahren keine öffentlichen Busse. Die Anreise ist nur mit dem Auto oder Fahrrad möglich. Der Park ist in den Sommermonaten Juni bis August geöffnet. Vor Ort können Snacks und Getränke erworben werden. Das Mitbringen von eigenen Lebensmitteln ist in Schweden gewöhnlich, denn die meisten Parks und beliebtesten Waldgebiete besitzen öffentliche Grillplätze.

Im Winter wiederum ist das Skigebiet, welches nur einige wenige Kilometer vom Kungsbygget entfernt liegt, geöffnet. Es gibt mehrere Pisten und Liftanlagen. Es ist das südlichste Skigebiet Schwedens. An den Wochenenden und in dänischen Winterferienzeiten kann es auch hier voll werden.

Kletterturm im Kungsbygget

Skiresort Vallåsen

Tagesausflüge

Halland ist ein sehr guter Ausgangsort für Ausflüge ins östliche Schweden aber auch nach Dänemark. Ich möchte gerne ein paar Ideen für Tagesausflüge teilen, denn die Umgebung von Halland bietet wundervolle Orte, die innerhalb eines Tages erkundet werden können. Mein Ferienhaus befindet sich unweit von Laholm. Von diesem Ort aus, vor allem dank der Autobahn E6, die sich entlang der halländischen Küste schlängelt, können beispielsweise die Städte Göteborg und Kopenhagen in nur 90 Minuten erreicht werden. Bei den Beschreibungen der empfohlenen Orte werde ich nicht ins Detail gehen. Das würde den Rahmen dieses Buches sprengen. Im Anhang hinterlasse ich aber Links zu den Orten, so dass weitere Fakten und Wissenswertes nachgelesen werden können.

Meine Top drei Empfehlungen für Tagesausflüge, die mit einer Fahrzeit von ungefähr 30 bis 60 Minuten möglich sind, je nachdem von wo aus man im südlichen Halland startet, lauten Bjärehalvön / Skåne, Elchsafari in Markaryd / Småland sowie Kaffeeklatsch mit Schafen auf der Öströö Farm bei Varberg.

Der Ausflug auf die Halbinsel Bjärehalvön südlich von Halland gehört in unseren Urlauben zu den Lieblingsausflügen. Dabei besuchen wir zumeist drei Orte, die unterschiedlicher nicht sein können und doch nur im Umkreis von gerade mal 20 km liegen. Starten wir mit Norrvikens Trädgårdar (Norrvikens Gärten). Es ist eine Parkanlage, die vor etwa 100 Jahren erschaffen wurde. Der Park mit seinen vielen verschiedenen Gärten unterschiedlichster Stilrichtungen und Themen verzaubert in jeder Jahreszeit. Irgendwas blüht immer. Von hier aus geht es 8 km weiter zum Hovs Hallar Naturreservat. Mittlerweile ist Hovs Hallar leider kein Geheimtipp mehr. Im Sommer tummeln sich viele Dänen und Deutsche unter den Einheimischen. Nichtsdestotrotz empfehle ich diesen Ort gerne, um mal eine steinige Küste ganz besonderer Art zu erleben.

Hovs Hallar

Hovs Hallar

Tausende Steine bilden eine fast magische Steinlandschaft. Ein Spaziergang dauert bei uns mindestens zwei Stunden, denn unsere Töchter klettern von einem Ort zum nächsten, stapeln Steine oder bewundern weidende Kühe. Danach sind wir spätestens hungrig und fahren ins Café Lillarö. Eine Oase fernab jeglicher Städte. Hierher kommen kaum Auswärtige. Der Ort wirkt unscheinbar. Das Café sieht wie ein normales Wohnhaus mit wunderschönem Garten aus. Im Garten verteilt sind überall Sitzgruppen unter den Bäumen. Herzhaftes und Süßes sind selbst gemacht. Freitag abends ist Pizzaabend. Die Pizzen sind ebenfalls selbst zubereitet und im Steinofen im Garten gebacken. Ein wunderbarer Ausklang eines Tages.

Café Lillarö

Elchpark Markaryd

Ein Ausflug in den Elchpark bei Markaryd in Småland lohnt sich ebenfalls. Ich gebe zu, diesen Ort habe ich erst vor wenigen Jahren das erste Mal besucht, nämlich an einem dieser tristen Herbsttage, als wir bereits viele Regentage erlebt hatten und unsere Töchter keine Lust mehr auf Geschichten vorlesen, spielen, puzzeln, malen, etc. hatten. Ich schlug vor, in einem unserer Lieblingscafés, Gräddhyllan, zu Mittag zu essen und dabei fiel uns ein, dass sich der Elchpark ganz in der Nähe befindet.

Elchpark Markaryd

Elchpark Markaryd

Einen Elch in der freien Natur zu sehen ist natürlich aufregender, aber bei unseren Waldspaziergängen sind die Kinder so laut, dass sie sämtliche Tiere verscheuchen, so dass eine Elchsafari lohnenswert ist, um etwas mehr über die Tiere zu erfahren sowie die Tiere echt und in Farbe zu sehen; mit viel Glück sogar streicheln zu können. Die Runde wird entweder mit dem eigenen Auto gefahren oder mit dem Parkzug. Die Fahrt mit dem Zug hat den Vorteil, dass die Tiere einem sehr nahe kommen, da sie vom Zugführer angelockt und gefüttert werden. Die Runde mit dem eigenen Auto zu fahren hat wiederum den Pluspunkt, dass mehrere Schleifen in der eigenen Geschwindigkeit gefahren werden können. Dabei kann an den sehr lehrreichen Informationstafeln angehalten und wirklich Erstaunliches über diese Tiere erfahren werden. Neben Elchen gibt es auch eine Gruppe Bison im Park.

Café Gräddhyllan

See am Café Gräddhyllan

Im Parkrestaurant werden, ähm ja, Bisonburger und Elchwurst serviert. Alternativen für Vegetarier sind ebenfalls vorhanden. Unsere Abfahrt von dort verzögert sich meist um eine Stunde, da die Kinder den Streichelzoo nicht verlassen wollen. Natürlich müssen wir so lange bleiben, bis alle Ziegen gleichberechtigt gefüttert und gestreichelt worden sind. Die Zeit lässt sich gut nutzen, um im Souvenirladen zu stöbern, der eine ausgesprochen große Auswahl an schwedischen Mitbringseln anbietet. Danach geht es dann ins Café Gräddhyllan nur einige Kilometer entfernt. Das Essen wird frisch zubereitet. Sämtliches Gebäck, Brot und alle Kuchen sind selbst gebacken. Im Anschluss unternehmen wir vor Ort noch einen Verdauungsspaziergang am See.

Öströö Farm

Tipp drei ist ein Ausflug ins mittlere Halland. Zunächst geht es die E6 gen Norden Richtung Varberg. Meine Empfehlung liegt östlich von Varberg zwischen den drei Seen Ottersjön, Byasjön und Skärsjön. Es ist die Schafsfarm Öströö. Die Schafe dürfen gestreichelt werden. In den Geschäften auf der Farm werden Produkte rund ums Thema Schaf angeboten. Auf dem Gelände verteilt stehen Tische und Stühle. Im Café gibt es eine Auswahl an Kuchen und Gebäck. Mit Kaffee und Kuchen in einem Picknickkorb verstaut, zieht man sich zur fika auf dem Gelände zurück. Die Umgebung lädt zu Wanderungen ein oder auch zum Angeln.

Meine drei Empfehlungen für Ausflüge mit einer zeitlichen Entfernung von ungefähr 90 Minuten mit dem Auto oder Zug sind der südliche Schärengarten von Göteborg, die autofreie Insel Ven sowie das Museum Louisiana bei Kopenhagen.

Der Schärengarten von Göteborg teilt sich in einen südlichen Teil und einen nördlichen Teil. In den südlichen Bereich fahren Fähren von Göteborg und vom kleinen Ort Saltholmen. Erfolgt der Ausflug in den Schärengarten in Verbindung mit einem Besuch in Göteborg, bietet es sich an, mit der Fähre direkt aus dem Stadtzentrum zu fahren.

Vrångö

Als Tagesausflug vom südlichen Halland kommend, empfehle ich, nach Saltholmen zu fahren, um von dort aus eine Fähre zu nehmen. Saltholmen liegt südlich von Göteborg und ist auf den Schärentourismus eingestellt. Es gibt großflächige Parkplätze, denn die Schäreninseln im südlichen Bereich sind alle autofrei, so dass sowohl Inselbewohner als auch Inselbesucher ihre Autos in Saltholmen abstellen müssen. Ich empfehle eine Fähre nach Vrångö zu nehmen. Es gibt Direktfähren dorthin oder Fähren, die auf ihrem Weg nach Vrångö auch andere Inseln ansteuern. Diese Tour dauert länger, ist aber sehr sehenswert und erzeugt ein richtiges Urlaubsgefühl. Vrångö ist eine Fischerinsel. Es gibt zwei Häfen und die Einkehr in eines der kleinen Fischbistros ist ein Muss. Der Rundwanderweg führt über die gesamte Insel mit schönen Ausblicken auf die anderen Inseln und das Festland.

Auch die zweite Empfehlung ist ein Ausflug auf eine autofreie Insel, Insel Ven. Sie liegt im Öresund zwischen Schweden und Dänemark und ist mit einer Fähre von Landskrona aus erreichbar. Auch hier ist die Insel mit seiner Natur und Ruhe das Ziel. Ven ist für seine Flora bekannt sowie für das unterirdische Observatorium Stjerneborg des Astrologen Tycho Brahe, welches teilrestauriert ist. Die Insel ist bewohnt. Es gibt sogar einen Golf- und einen Campingplatz. Das beliebteste Fortbewegungsmittel ist das Fahrrad, wobei es aufgrund der Steigungen auf das Plateau hinauf durchaus anspruchsvolle Passagen gibt.

Das südliche Halland ist nicht nur ein guter Ausgangspunkt in schwedische Regionen, sondern aufgrund seiner Lage auch ins dänische Seeland inklusive der dänischen Hauptstadt Kopenhagen. Es gibt direkte Zugverbindungen von Halmstad und Laholm nach Kopenhagen. Für einen Ausflug ins Louisiana, Museum of Modern Art, in Humlebæk bei Kopenhagen kann alternativ die Fährüberfahrt von Helsingborg nach Helsingør genutzt werden. Humlebæk liegt nur 11 km südlich von Helsingør direkt am Öresund.

Louisiana

Louisiana

Die Museumsgebäude sind alle miteinander verbunden. Neben festen Ausstellungen gibt es wechselnde Sonderausstellungen zu unterschiedlichsten Themen. Der Park ist weitläufig. Überall verteilt befinden sich Skulpturen. Das Café mit seiner wundervollen Aussicht auf den Öresund lädt zum Verweilen ein und das dort servierte Smørebrød ist sehr schmackhaft.

Es gibt so viele weitere Orte, die es wert sind, besucht zu werden. Diese empfohlenen Orte sind einige meiner Favoriten und haben es deshalb in dieses Buch geschafft.

Anhang

Provinz Halland
Fährgesellschaften mit Fährverbindungen nach Schweden:

www.scandlines.de
www.ttline.com
www.stenaline.de
www.frs-baltic.com
www.finnlines.com/de/schiffsreise

Essen & Trinken
Persönliche Empfehlungen:

www.kvarnenkornhult.com
www.sardalskvarn.se
visitlaholm.se/poi/vilgots-surdegsbageri
www.soderpiren.se

Unterkünfte
Campingplätze in Schweden:

www.camping.se/de/Campingse-Camping-Schweden

Aktivitäten
Persönliche Empfehlungen:

www.vallasen.se
https://kungsbygget.com
https://halmstadwakepark.se

Tagesausflüge
Persönliche Empfehlungen:

www.lansstyrelsen.se/skane/besoksmal/naturreservat/bastad/bjarekusten-med-hovs-hallar.html
https://norrvikenbastad.se
www.lillaro.nu
https://www.smalandet.se
http://graddhyllan.net
https://www.ostroofarfarm.com
https://louisiana.dk

Danksagung

Danke, dass Du bis hierher gelesen hast. Das freut mich wirklich sehr. Ich hoffe, das Buch hat Freude und Unterhaltung gebracht. Vielleicht hast Du sogar etwas Neues gelernt oder steht Halland nun möglicherweise auf Deiner Liste für zukünftige Urlaubsorte?

An dieser Stelle möchte ich mich auch bei meiner Familie bedanken, die mir viele Stunden des Alleinseins gegönnt hat, damit ich an den Texten schreiben und Fotos auswählen konnte. Besonders bedanke ich mich bei meinem Mann, der mir Hinweise gab, was interessant für die Leser sein könnte, da ihm Land und Kultur weniger bekannt sind als mir. Für mich sind viele Dinge rund um Schweden so gewöhnlich, dass ich sie unter Umständen als zu unwichtig oder zu unspannend angesehen hätte. Und trotzdem, da bin ich mir sicher, werden Fragen einiger Leser leider unbeantwortet geblieben sein. Ich habe versucht, auf alle Fragen einzugehen, die mir in den vergangenen Jahren regelmäßig gestellt worden sind. Mit diesem Buch kann ich zukünftig die Antworten auch in schriftlicher Form geben. Daher danke ich mir selbst, dass ich mir die Zeit und Muße genommen habe, dieses Buch geschrieben und sogar veröffentlicht zu haben.

Herzlichen Dank!

Kath